Tinus
Vermeersch

The artistic work of Tinus Vermeersch –
anachronism in the imagination

Physical experience

An artwork signifies a shift of ideas in the transposing form of a (moving) image, words that become an image or sound that penetrates our thoughts in 'some' way and makes us reflect, perhaps even daydream. We now no longer speak in terms of the dematerialisation of an artwork, but of the 'making' of an artwork as a form of discursive thinking. The artwork is a 'thinking' artefact, a 'written' thought that is given a form that fits the artist's ideas and cultural baggage/accumulation. Artists still try to bring order to the wide and chaotic world. It remains debatable whether this is (still) possible using an encyclopaedic method, although many contemporary artworks are based on the enormous reservoirs of the Internet, which can largely be freely used as an invisible cloud of knowledge that hangs in the air.
The pressure of knowledge and information on the world, and the art world, weighs like the burden Atlas had to carry on his shoulders; the Internet moves the public space into a virtual worldwide forum where everything and nothing is spared. An art biennale has now even been held on the Internet; the public no longer have to leave their house to view art. Art, and even an Internet biennale, stream into the living room for no more than a very low portal charge. Not so long ago, well-known art experts were claiming that it was impossible to learn about and appreciate art by looking at slides. Art only exists by grace of a physical relationship with the artwork; an artwork should be able to overwhelm you through all your senses – it should at that moment be able to become part of yourself.

Vortex

Tinus Vermeersch's work is a delightful, honest and confrontational anomaly in a more than fragmented art scene, where the choices museums currently make are based increasingly on the personal and literally eye-catching judgements based on the tastes of cultural decision-makers, which are frequently infected by the interests of the art market, by the gradual crumbling of 'authority' in the discourse and good-quality reporting on art, and above all by the rise of blogs, by writers for whom this is a flexible and accessible medium. Prejudices and opinions are now intermingled and this has the nice advantage that it no longer remains entirely dependent on museums or, more importantly, on the associated art market powered by high finance. Through the 'close-up' view, a fragile, intimate artwork which *a priori* does not need much distance and space around it gains the viewer's empathy. At a time when we are overrun by the media, this sort of artwork is a courageous act of resistance against the alienation of our goal-oriented, docile and fleeting perception of an artwork. Tinus Vermeersch's oeuvre is not directly derived from the world that currently spins before our eyes.

Tinus Vermeersch creates work that probes and spins within itself, like a focused vortex of thoughts that go back in time, with the same timeless, experimental and human themes that unravel an identical socially obvious relevance. This oeuvre restricts itself to the human scale and to proportions in which the iconography revolves in the rich history of art without lapsing into copying or gratuitous appropriation. It is remarkable how Tinus Vermeersch imagines himself to be in a bizarre fairytale world where situations arise that anticipate what is in itself a persistently enigmatic outcome with no final end – against the background of viewers' attempts to decode the artwork and/or to envelop the idea behind it (and therefore also the artist's world) with content and thus try to take possession of it. This oeuvre does not put on airs; it looks like it is scurrying ahead of its time and does not leave the impression that it has to justify itself, for example by introducing words of guidance. It remains incredible that a young artist can react against the noise and bustle of the day and is able to opt decisively to produce art whose cornerstones are concentration, semi-art-historical feedback and technical skill.

Diversions

Art cannot be considered as a means of self-expression; art has to do with 'why' we give a (visual) form to time. Time is the binding element in art production: artists are all 'pieces' of time who are attached to each other by time to form what is called 'art history'. Tinus Vermeersch's work is a superb example of the way an artist works with time in loops and flashbacks and in this way very nicely shows that art remains in the first place a deeply human occupation.

Art is time, and time is and becomes the mirror of thought that affirms itself in images which at most depict the personal element of an individual experience – seen in the context of a society. Tinus Vermeersch poetises fluctuating thoughts in a way that greatly slows them down, in order to transmit visual knowledge and internal enigmatic emotions in plastic form so that the work remains very much alive for the receiver.

Tinus Vermeersch is not an artist who likes to show off and/or juggle with fine explanations or concepts. His work is, *a priori,* already in the fibres of those who look at it; a tension immediately arises in which the image reposes as if in a channel between past and present. Tinus Vermeersch's drawings, turned over and over with pleasure and much time, immediately play a nasty trick on the 'topicality' of contemporary art. We, the viewers, see an anachronism in which imaginary, staged scenes weather the insinuation that we are looking at an image from a completely different era. And there lies the relevance of this work, executed with technical mastery, which is seductive yet at the same time misleading.

You can as it were hear the scratching on the paper in Vermeersch's work, feel the ink slowly decaying into sometimes brownish drawings, and paintings on paper are 'steered' by the use of tempera paint, which is becoming increasingly rare. The eye is in the balance.

…

The thought, during a busy or perhaps even nerve-wracking visit to something like the Venice Biennale, of occasionally escaping the pavilions and splendid palazzos to have a brief break in the renowned Academia, to stand face to face, usually utterly alone, with the absolute masterpieces of Giorgione, Bellini or Tintoretto, is comparable with the burning desire for a cool glass of prosecco or a fruity *gelato.* It is delightful to look at the fantastic old masters because they are capable of making time stand still; there is little or no notion of staging emotions or theatrical drama, just flat and smoothly painted solidifying timelessness. The pictorial view of the almost sublimely petrified characters is entirely focused, projected introspectively in paint like a shaped mystery that cannot be taken in, which simply closes off and characterises a person's thinking.

We do not know what others think of us and others; in the case of the paintings by the old masters too, the works remain sealed off from any form of psychological contact/empathy.

…

Tinus Vermeersch's work also seems to be sealed off; it is founded on the element of time and not on the prevailing supposition that art is the effect/rendering of self-expression. Artists give shape to their time, and this piece of time becomes part of the great movement that time sets in motion.

Imagery/metaphor

In preparation for the writing of this piece, Tinus Vermeersch sent me a folder of numerous pictures he had collected from catalogues, newspapers and the Internet. They range from details of a Roman frieze, through a sublime portrait of a young renaissance woman drawn with a truly steady hand, to Japanese drawings whose gracious elegance has inspired many modern masters. His interest in the abject in art history, the odd anecdotes in which it is mainly animals that claim the leading role – such as the elephant that is an exotic intruder in the harbour and city of Antwerp in the sixteenth century – *and* **in the broad English landscape painting where tiny little people seem to wander around aimlessly, runs like a thread through the unique images he creates. His inspiring picture archive links up perfectly and seamlessly with the semi-surreal and consequently alienating visual world that he draws up and re-presents**

to us from his reservoirs. The landscapes, little figures and bizarre creatures are not ashamed of the way they are brought to life in this plastic form. Vermeersch's visual idiom is manually visible; in fact his work process is literally traceable. His compositions are stripped of illusion, because the way of drawing, graphically visible, makes illusion evaporate. The concreteness of his 'drawn' oeuvre is in direct proportion to the riddle that lies within it.

The compositions, which sometimes truly seem like miniatures, maintain the appearance of seriousness, but nothing could be less true. The scenes Vermeersch evokes always display a tragi-comic side. They are allegorical depictions of drifting beings, who, in a physical entanglement with the external features of animals, summon up a world reminiscent of the line that runs from Hieronymus Bosch to James Ensor. They are artists who, by way of the masquerade, take an incisive look at life and society and show that man is doomed to act in order to sustain himself in the game of 'society' on pain of intrigues, exclusion, etc.

Doom

Tinus Vermeersch has occasionally seen himself as an archaeologist. It is a pertinent comment on himself, because he creates images using nice old-fashioned materials that have a contrariness that is not always experienced as comfortable in the much-hyped art world.

For example, his landscapes are not as peaceful as they seem; no, there is a temperature beneath the surface of these works. There is disaster and doom in the air, and at any moment the painting could change into a flood, in which the surviving half-and-half human-animals probably appear in an attempt to hold their own in a desolate, barren environment and... future? There is one very striking drawing in which 'curling' waves roll across the paper like a tsunami. One detail is striking: all the attention is focused on a small dog, which is of course reminiscent of Goya's famous dog in his painting at the Prado in Madrid, which playfully jumps towards and into danger.

One is frequently reminded of Don Quixote when viewing Vermeersch's work, where such themes as impotence and loneliness are able to move the viewer without a lot of fuss. A sort of shabby shaman figure can occasionally be seen wandering around in his visual world, as a sign of hope and the ideal consolation and healing... (?) The late German artist Joseph Beuys was the artist's main prototype; this was someone who more than anyone else set himself up as a social healer, by the ostentatious symbolism in clothing (aviator's shirt and felt hat) and by the use of such symbolically charged materials as fat, olive oil and felt.

In between

Positive indeterminacy takes command of Vermeersch's works, and especially in the 'Tegumen' series, like a desire for an organic and open form, not more precisely specified, to be taken as the starting point for a series of works and ceramic sculptures. 'Tegumen' may, in terms of content, allude to a dish, a shell or the casing of something that refers to a hidden and/or vanished content that is no longer in existence. Vermeersch keeps up the riddle splendidly by making series in which numerous 'Tegumens' are shown alongside one another almost as if in an inventory. It is reminiscent of the orderly pin-mounted butterflies in a natural history museum.

It all becomes very complex when Vermeersch also makes ceramic objects out of these 'Tegumens'; objects which, with their organic features and their insinuating curly hair, give these 'things' some kind of human aspect without being specific.

They are superb things – they may perhaps be moulds, with narrow openings which in their turn hide sealed content... and which sometimes become monuments on which minuscule figures are at work in some absurd way. The fact is that the ceramic objects 'stimulate' Vermeersch's oeuvre marvellously – one frequently gets the impression that the drawings could be considered fully-developed backgrounds for the objects, which sometimes have a restrained dramatic content.

Consistent

Tinus Vermeersch has for several years been producing a consistent and highly individual oeuvre, free of anything spectacular and from the enticing advances from the art market. He does not himself enchant or mythologise his work – unlike a number of other Flemish artists – in an attempt to put art in the place of a sort of viewpoint in favour of the worship of the artwork, on the basis of futility and awe for the artwork put 'on an altar'. The modesty with which Vermeersch shapes his world is rightly described as a wonderful anomaly in the overheated context of the art world around us.

Tinus Vermeersch gladdens the public with art that allows itself to be transferred to worlds that feel familiar and yet at the same time make us uncomfortable. It is sensually stimulating art, because it keeps our imagination moving and does not enable us at all, let alone allow us, to simply consume his 'fantastic' images. When surveying his artistic work the word 'oeuvre' is entirely appropriate. It is marvellous that he lets his visual language evolve rather than revolt; his idiom rolls superbly from one image to the next and as a process seems like a perfect stage setting. An 'oeuvre' means pursuing a visual 'reflectiveness', seen from the angle of a long-term (visual) project. Images do not in this way generate themselves, but germinate out of the artist's slowly progressing course. Vermeersch's oeuvre is almost tragic-burlesque; it is an oeuvre populated by animal-like monsters, charted landscapes and insinuated vast plains and plateaus in which 'little figures' do battle to save their skins. Vermeersch's oeuvre, still only recent, gives birth to fantastic little monsters and thereby follows in the footsteps of so many artists of the past who seize on the intersection of allegories 'somewhere' between man and animal in order to talk fundamentally about man, yet also in relative terms.

The art of Tinus Vermeersch is accommodating; the viewer is in control and takes account of the fact that the secret in these works remains gloriously sealed, having been generated out of many thoughts and considerations which, leaping about in the course of time, only sharpen the realisation that this work is at the heart of time, plus the awareness that it also shapes time.

      Luk Lambrecht
      May/June 2013

9

De artistieke productie van Tinus Vermeersch –
anachronisme in de verbeelding

Fysieke ervaring

Een kunstwerk betekent een verschuiving van gedachten in de transponerende vorm van een (bewegend) beeld, een tekst die beeld wordt of geluid en op 'een' manier onze gedachten binnendringt en ons laat nadenken, misschien zelfs wegdromen. Vandaag spreken we niet meer in termen van dematerialisatie van het kunstwerk, maar wel van het 'maken' van een kunstwerk als een vorm van verhandelend denken. Het kunstwerk is een 'denkend' artefact, een 'geschreven' gedachte die een vorm krijgt die past bij de ideeën en de culturele bagage/agglomeratie van de kunstenaar. Kunstenaars proberen alsnog de chaotische en omvangrijke wereld te ordenen. Of dat (nog) kan met een encyclopedische methode blijkt nog maar de vraag, alhoewel veel actuele kunstwerken gebaseerd zijn op de enorme reservoirs van het internet, dat als een onzichtbaar in de lucht hangende wolk van kennis grotendeels vrij kan worden gebruikt.

De druk van kennis en informatie over de wereld en de kunstwereld weegt als de last die Atlas op zijn schouders dragen moest; het internet verplaatst de publieke ruimte in een virtueel wereldwijd forum, waar alles en niets wordt ontzien. Zelfs de organisatie van een kunstbiënnale op het internet is een feit geworden; het publiek hoeft de deur niet meer uit voor het bekijken van kunst. De kunst én zelfs een internetbiënnale vloeien tegen een kleine portaalkost de huiskamer binnen. Nog niet zo lang geleden beweerden notoire kunstkenners dat het onmogelijk was kunst te leren kennen en te appreciëren via het bekijken van diapositieven. Kunst is er alleen dankzij een fysieke relatie met het kunstwerk; een kunstwerk moet je met alle zintuigen kunnen overrompelen – het kunstwerk moet op dat moment deel kunnen worden van jezelf.

Maalstroom

Het werk van Tinus Vermeersch is een heerlijke, eerlijke en confronterende anomalie in een meer dan versplinterd en gefragmenteerd kunstenveld, waarin actuele museale keuzes meer en meer gestoeld zijn op de particuliere en letterlijk in het oog springende smaakoordelen van culturele *decision makers*, die niet zelden geïnfecteerd zijn door de belangen van de kunstmarkt, door het met de tijd stilaan afbrokkelen van 'autoriteit' op het vlak van discours en kwaliteitsvolle berichtgeving over kunst, door (vooral) de opkomst van blogs, van schrijvers die via dit medium een flexibel toegankelijk medium ter beschikking kregen. Vooroordelen en oordelen lopen nu door elkaar en dat heeft het zoete voordeel dat kunst niet helemaal meer afhankelijk blijft van musea en vooral van de daaraan gelieerde grootkapitaalkrachtige kunstmarkt. Een broos, intiem kunstwerk dat a priori niet veel afstand en omringende ruimte nodig heeft, verwerft via de 'dichte' blik de

empathie van de toeschouwer. In tijden van mediale overrompeling is dit soort kunstwerk een moedig verzet tegen de vervreemding van onze doelgerichte, gewillige en vluchtige perceptie van een kunstwerk. Het oeuvre van Tinus Vermeersch is geen directe afgeleide van de wereld zoals ze nu voor onze ogen draait en tolt.
Tinus Vermeersch maakt werk dat in zichzelf peilt en tolt, als een gefocuste maalstroom van gedachten die teruggaan in de tijd, met diezelfde tijdloze, experimentele en humane thema's die eenzelfde maatschappelijk manifeste relevantie ontrafelen. Het oeuvre van Tinus Vermeersch beperkt zich tot de menselijke maat en tot proporties waarbij de iconografie zich laat wentelen in de rijke geschiedenis van de kunst, zonder te vervallen in kopie of gratuite toe-eigeningen. Het is merkwaardig hoe Tinus Vermeersch zich in een bizar sprookjesachtige wereld waant, waarin zich toestanden en situaties voordoen die zonder finaliteit vooruitlopen op een in se blijvend enigmatische uitkomst – tegen de achtergrond van de pogingen van toeschouwers om het kunstwerk te decoderen en/of de gedachte van het kunstwerk (en dus ook van de wereld van de kunstenaar) inhoudelijk te omsingelen en in bezit te proberen nemen. Dit oeuvre stelt zich niet aan; het lijkt de tijd voor te dribbelen en laat ook niet de indruk na zichzelf te moeten verantwoorden door bijvoorbeeld de introductie van gidsende teksten. Het is en blijft ongelooflijk dat een jonge kunstenaar zich kan afzetten tegen het geruis en de drukte van de dag en resoluut kan kiezen voor kunstproductie waarvan concentratie, semi-kunsthistorische feedback en technische kunde de hoekstenen vormen.

Omleidingen

Kunst kan niet worden beschouwd als een manier van zelfexpressie; kunst heeft te maken met de manier 'waarom' wij een (beeldende) vorm geven aan de tijd. De tijd is het bindende middel in de kunstproductie: kunstenaars zijn allemaal 'stukjes' tijd die met de tijd aan elkaar worden gehecht tot wat men als 'kunstgeschiedenis' definieert. Het werk van Tinus Vermeersch is een prachtig voorbeeld van hoe een kunstenaar in loops en flashbacks met de tijd werkt en op die manier heel mooi weergeeft dat kunst op de eerste plaats een diep humane bezigheid blijft.
Kunst is tijd, en de tijd is en wordt de spiegel van het denken dat zich affirmeert in beelden die hoogstens het particuliere van een individuele beleving weergeven – bezien in de context van een samen-leving. Tinus Vermeersch poëtiseert schommelende gedachten via een sterk vertragende manier om beeldende kennis en intern enigmatische roerselen plastisch te transfereren zodat het werk bij de ontvanger springlevend blijft.
Tinus Vermeersch is niet de kunstenaar die graag kokketeert en/of jongleert met fraaie uiteenzettingen of concepten. Zijn werk zit a priori al in de vezels van diegene die naar het werk kijkt; er treedt meteen een spanning aan waarin het beeld als in een gleuf verwijlt tussen heden en vroeger. De met plezier en met veel tijd doorwroete tekeningen van Tinus Vermeersch zetten meteen het 'actuele' van de hedendaagse kunst een hak. Als toeschouwers kijken we naar een anachronisme, waarbij fictief in elkaar geensceneerde taferelen de insinuatie doorstaan van te kijken naar een beeld uit een geheel andere tijd. En daarin ligt nu het relevante van dit technisch meesterlijk uitgevoerde, verleidelijke maar tegelijk misleidende werk.
In het werk van Tinus Vermeersch hoor je als het ware het krassen op papier, voel je de inkt langzaam verworden tot soms bruinige tekeningen en worden schilderijen op papier 'aangestuurd' door het zeldzaam wordende gebruik van temperaverf. Het oog zit op de wip.

(...)

De gedachte om bij een druk tot zelfs zenuwslopend bezoek aan bijvoorbeeld de Biënnale van Venetië af en toe de paviljoenen en prachtige palazzo's te ontlopen om even te verpozen in de beroemde Academia, om er dan veelal moederziel alleen oog in oog te staan met de absolute meesterwerken van Giorgione, Giovanni Bellini of Jacopo Tintoretto, is vergelijkbaar met een brandend verlangen naar een koel glas prosecco of een fruitige *gelato*. Het is heerlijk te kijken naar de fantastische oude meesters omdat ze in staat zijn de tijd een halt toe te roepen; er is hier geen of weinig sprake van het in scène zetten van emoties of theatrale dramatiek, maar wel van vlak en glad geschilderde stollende tijdloosheid. De picturale blik van de haast subliem versteende personages staat op oneindig, introspectief geprojecteerd in verf als een vormgegeven oninneembaar geheim dat het denken van de mens nu eenmaal afsluit en karakteriseert.
Wij weten niet wat anderen van ons en anderen denken; ook in de schilderijen van de oude meesters blijven de werken verzegeld van elke vorm van psychologische ingang/empathie.

(...)

Het werk van Tinus Vermeersch lijkt ook verzegeld; het drijft op het aspect tijd en niet op de gangbare veronderstelling dat kunst de uitwerking/uitbeelding is van zelfexpressie. Kunstenaars geven vorm aan hun tijd, en dat stukje tijd wordt onderdeel van de grote beweging die de tijd in gang zet.

Beeld-spraak

Ter voorbereiding van deze tekst stuurde Tinus Vermeersch mij een mapje met talrijke afbeeldingen die hij verzamelde uit catalogi en kranten en op het internet. De afbeeldingen gaan van details van een Romeinse fries via een subliem en handvast getekend portret van een jonge vrouw uit de renaissance tot Japanse tekeningen die in hun gracieuze sierlijkheid vele moderne meesters wisten te inspireren. Zijn interesse voor het kunsthistorisch abjecte, de zonderlinge anekdotes waarin vooral dieren een belangrijke rol opeisen – zoals de olifant als een exotische indringer tijdens de zestiende eeuw in de zeehaven/stad Antwerpen – én voor de weidse Engelse landschapschilderkunst waarin petieterige mensjes doelloos lijken rond te dolen, loopt als een rode draad door zijn unieke beeldvorming. Zijn inspirerende beeldarchief sluit perfect en naadloos aan bij de semisurreële en bijgevolg vervreemdende beeldwereld die Tinus Vermeersch voor ons vanuit zijn reservoirs 'opdiept' en re-presenteert. De landschappen, figuurtjes en bizarre diertjes blozen niet om de manier waarop ze plastisch tot leven komen. De beeldtaal van Tinus Vermeersch is handmatig zichtbaar; zijn werkproces is trouwens letterlijk traceerbaar. Zijn composities zijn ontdaan van illusie, omdat de manier van grafisch zichtbaar tekenen de illusie laat verdampen. De concreetheid van zijn 'tekenend' oeuvre is recht evenredig met het raadsel dat erin verscholen ligt.

De composities, die zich soms echt als miniaturen manifesteren, houden de schijn op van ernst, maar niets is minder waar. De taferelen die Tinus Vermeersch evoceert, vertonen steeds een tragikomisch kantje. Het zijn allegorische uitbeeldingen van op drift geraakte wezens, die in een fysieke verstrengeling met uiterlijke kenmerken van dieren een wereld oproepen die doet denken aan de lijn die gaat van Jeroen Bosch tot James Ensor. Het zijn kunstenaars die via de maskerade het leven en het samen-leven op de korrel nemen en laten (in)zien dat de mens gedoemd is te acteren om zich binnen het spel 'maatschappij' staande te houden, op straffe van intriges, uitsluitingen, etc.

Ontij

Tinus Vermeersch heeft zichzelf weleens als een archeoloog beschouwd. Het is een terechte zelfopmerking, omdat hij beelden maakt met lekker ouderwetse materialen, die een tegendraadsheid in zich dragen die binnen de gehypete kunstwereld niet altijd met gemak wordt ervaren.

Zijn landschappen bijvoorbeeld zien er helemaal niet zo vredig uit als ze wel lijken; neen, er zit onderhuidse temperatuur in deze werken. Er hangt onheil en ontij in de lucht, en elk moment kan het schilderij veranderen in een zondvloed, waarin dan de overlevende halfslachtige mens-diertjes wellicht tevoorschijn komen in een poging om zich te handhaven in een desolate, schrale omgeving en ... dito toekomst? Heel frappant is een tekening waarin 'krullende' golven als bij een tsunami over het blad papier walsen. Eén detail springt hier in het oog: alle aandacht gaat naar een hondje, dat vanzelfsprekend doet denken aan het fameuze hondje van Goya op een doek in het Prado in Madrid, dat dartel naar en in het gevaar springt.

De herinnering aan Don Quichot komt niet zelden om het hoekje bij het bekijken van het werk van Tinus Vermeersch, waarin thema's als onmacht en eenzaamheid zonder veel omhaal de toeschouwer kunnen beroeren. Af en toe loopt er een soort povere sjamanenfiguur rond in zijn beeldende wereld, als een teken van hoop en ideële troost en genezing ... (?) Wijlen de Duitse kunstenaar Joseph Beuys was hét prototype van de kunstenaar die zich als geen ander opstelde als een sociale genezer, via het zich ostentatief aanmeten van symboliek qua kledij (vliegeniershemd en vilten hoed) en qua gebruik van symbolisch beladen materialen zoals vet, olijfolie en vilt.

Tussenin

Positieve onbepaaldheid maakt zich meester van de werken van Tinus Vermeersch, ook en vooral in de reeks 'Tegumen', als een verlangen om een organische, open en niet nader te specifiëren vorm als uitgangspunt te nemen voor een reeks werken en keramische sculpturen. 'Tegumen' kan inhoudelijk alluderen op een schaal, een schelp of een omhulsel van iets dat verwijst naar een verborgen en/of verdwenen inhoud die er niet meer is. Tinus Vermeersch houdt het raadsel prachtig gaande door reeksen te maken waarin op een haast inventariserende manier talrijke 'Tegumens' naast elkaar worden afgebeeld. Het doet denken aan de ordelijk vastgeprikte vlinders in een natuurhistorisch museum.

Het wordt helemaal complex als Tinus Vermeersch van deze 'Tegumen' ook keramische objecten maakt, die in hun organische kenmerken, mét insinuerende krulharen, deze 'dingen' iets menselijks aanmeten zonder specifiek te worden.

Het zijn prachtige dingen – het zijn misschien wel mallen, met een kleine opening waarin opnieuw verzegelde inhoud huist... en die soms monumenten worden waarop minuscule figuurtjes op een ongerijmde wijze bedrijvig zijn. Feit is dat de keramische objecten het oeuvre van Tinus Vermeersch prachtig 'stimuleren' – niet zelden ontstaat de indruk dat de tekeningen als volwaardige achtergronden kunnen worden beschouwd voor de objecten, die soms van een ingehouden dramatische inhoud getuigen.

Consequent

Tinus Vermeersch realiseert al jaren een consistent en eigenzinnig oeuvre, wars van spektakel en aanlokkelijke avances van de kunstmarkt. Hij betovert en mythologiseert niet zelf zijn werk – zoals dat wel bij een aantal Vlaamse kunstenaars het geval is – vanuit een poging om de kunst in de plaats te stellen van een soort standpunt van/voor devotie voor het kunstwerk, vanuit nietigheid en ontzag voor het 'op een altaar' geplaatste kunstwerk. De bescheidenheid waarmee Tinus Vermeersch zijn unieke wereld vormgeeft, is terecht te omschrijven als een heerlijke anomalie in de verhitte context van de ons omringende kunstwereld.

Tinus Vermeersch verblijdt het publiek met kunst die zich laat verplaatsen naar werelden die vertrouwd aanvoelen en ons tegelijk onwennig maken. Het is zinnen-prikkelende kunst, omdat ze onze verbeelding in beweging houdt en ons helemaal niet in staat stelt, laat staan toelaat, zijn 'fantastische' beelden zomaar te consumeren. Bij het overschouwen van de artistieke productie van Tinus Vermeersch kan men gerust spreken van een oeuvre. Het is wonderlijk hoe hij zijn beeldtaal laat evolueren en niet revolteren; zijn taal rolt prachtig van het ene beeld in het andere en lijkt als proces wel op een perfecte scenografie. Een oeuvre betekent een visuele 'nadenkendheid' nastreven, gezien vanuit het perspectief van een langdurig (beeldend) project. Beelden genereren op die manier niet zichzelf, maar kiemen vanuit het langzame parcours van de kunstenaar. Het oeuvre van Tinus Vermeersch is haast tragiburlesk; het is een oeuvre bevolkt met dierachtige gedrochten, in kaart gebrachte landschappen en geïnsinueerde weidse (hoog)vlaktes waarin 'figuurtjes' slag leveren om hun vel te redden. Het nog steeds prille oeuvre van Tinus Vermeersch baart fantastische monstertjes en treedt hiermee in de voetsporen van zoveel kunstenaars uit het verleden die het snijpunt van allegorieën 'ergens' tussen mens en dier aangrepen om het fundamenteel en tegelijk relativerend over de mens te hebben.

De kunst van Tinus Vermeersch schikt zich; de toeschouwer beschikt en houdt er rekening mee dat het geheim in deze werken heerlijk verzegeld blijft, gegenereerd vanuit vele gedachten en bedenkingen die sprongsgewijs in de loop van de tijd alleen maar het besef aanscherpen dat dit werk midden in de tijd staat, mét het besef dat dit werk vorm geeft aan de tijd.

Luk Lambrecht
mei/juni 2013

zie, de zinloze dood van de sjamaan.

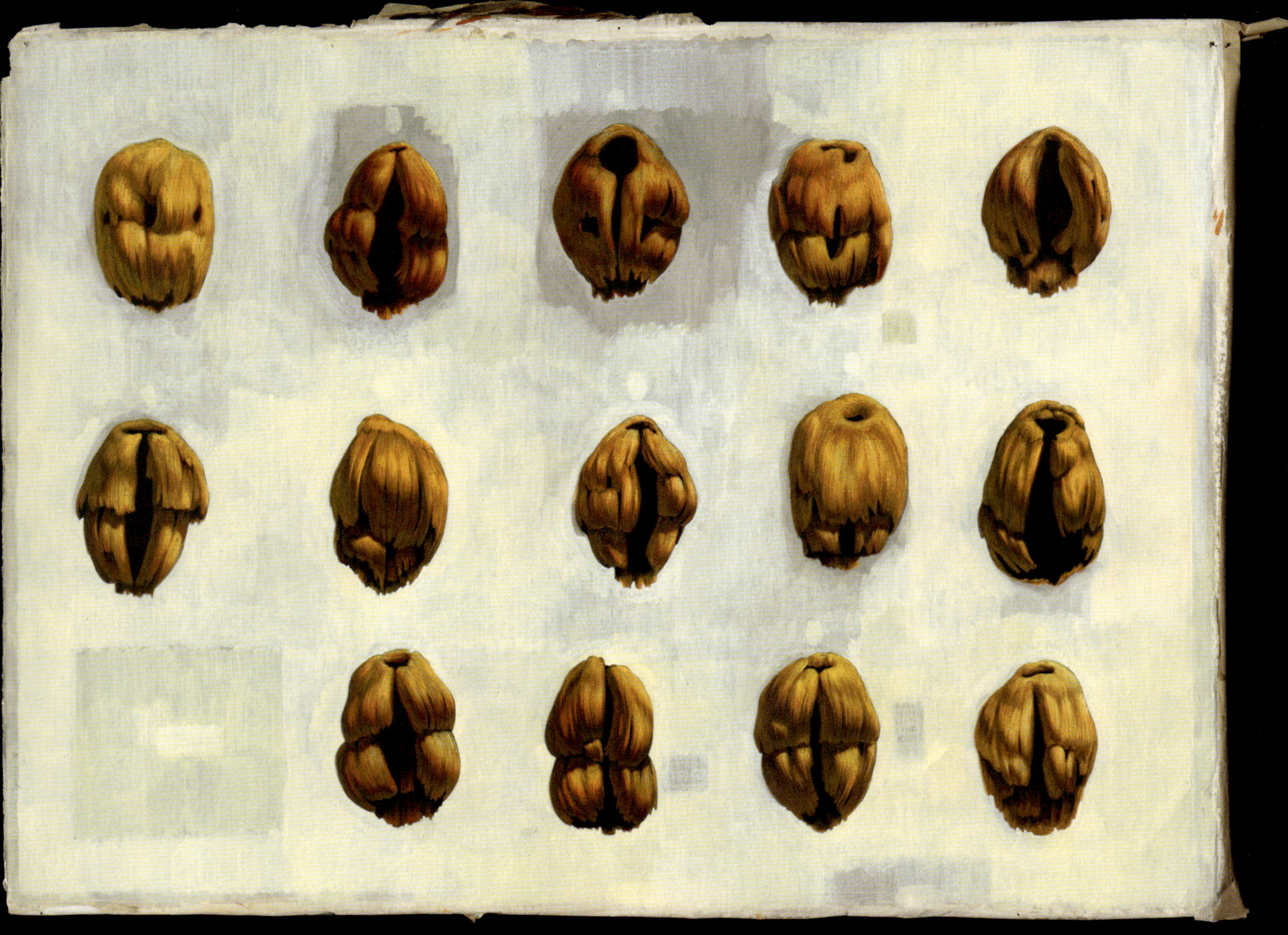

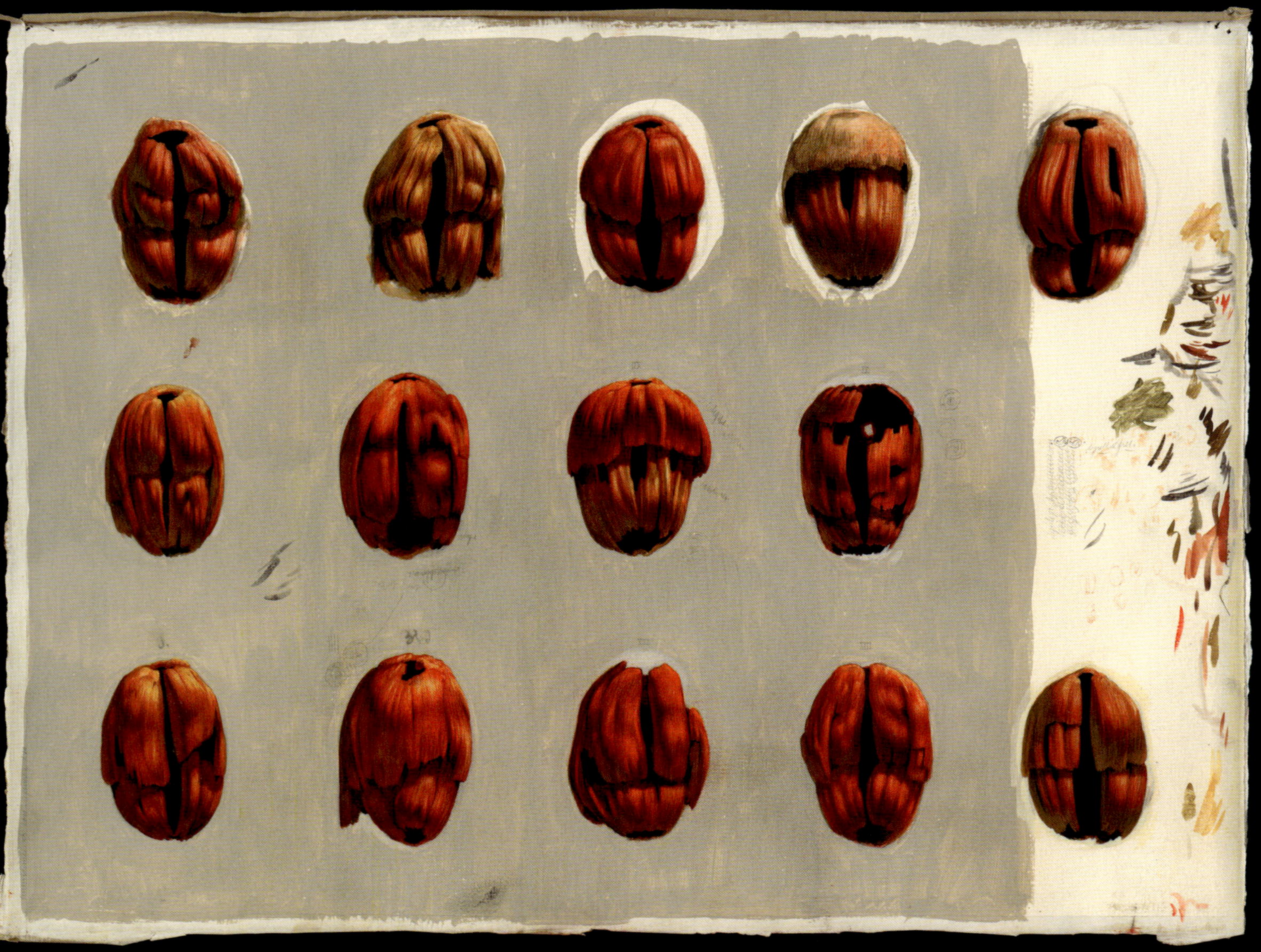

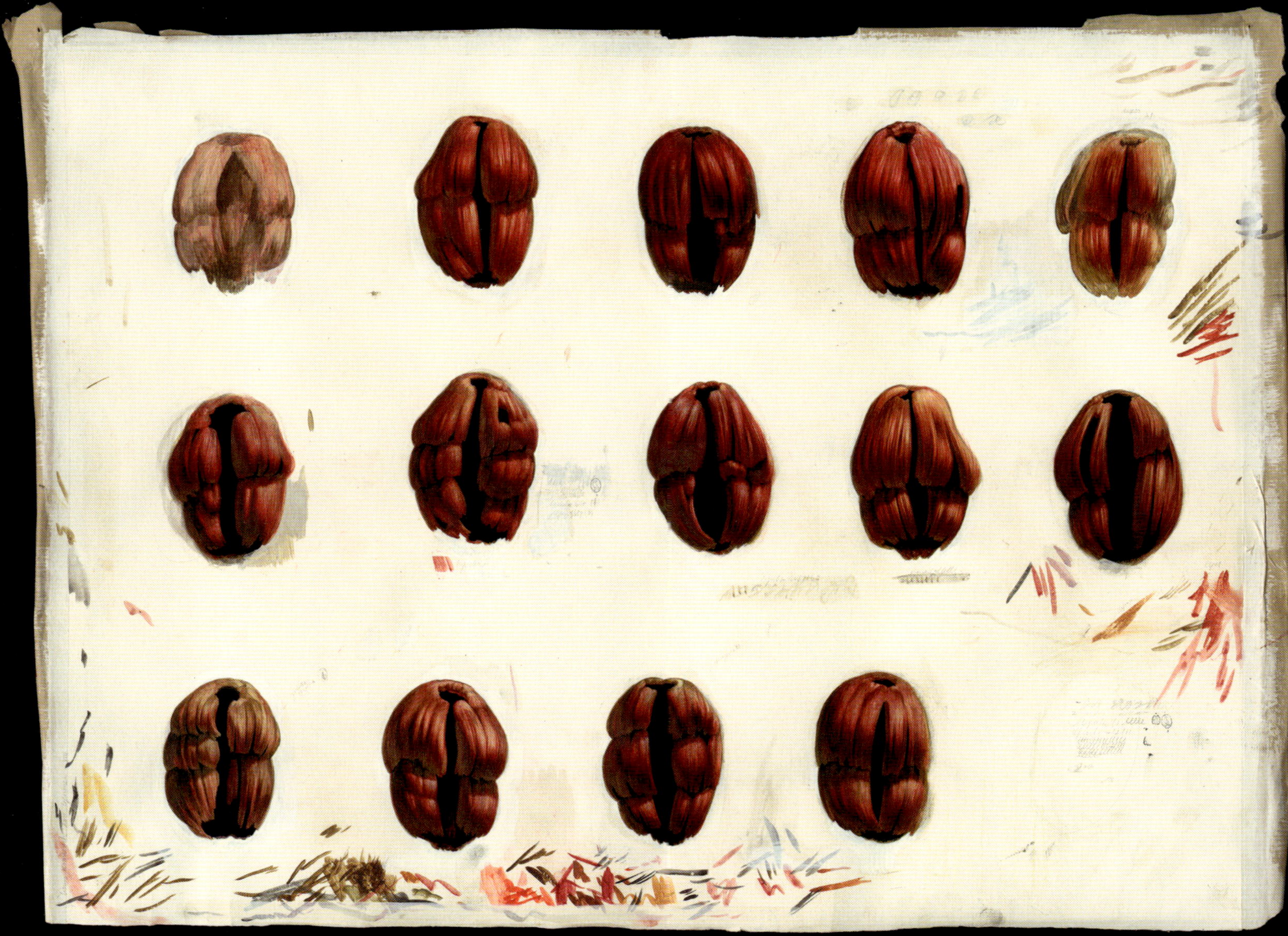

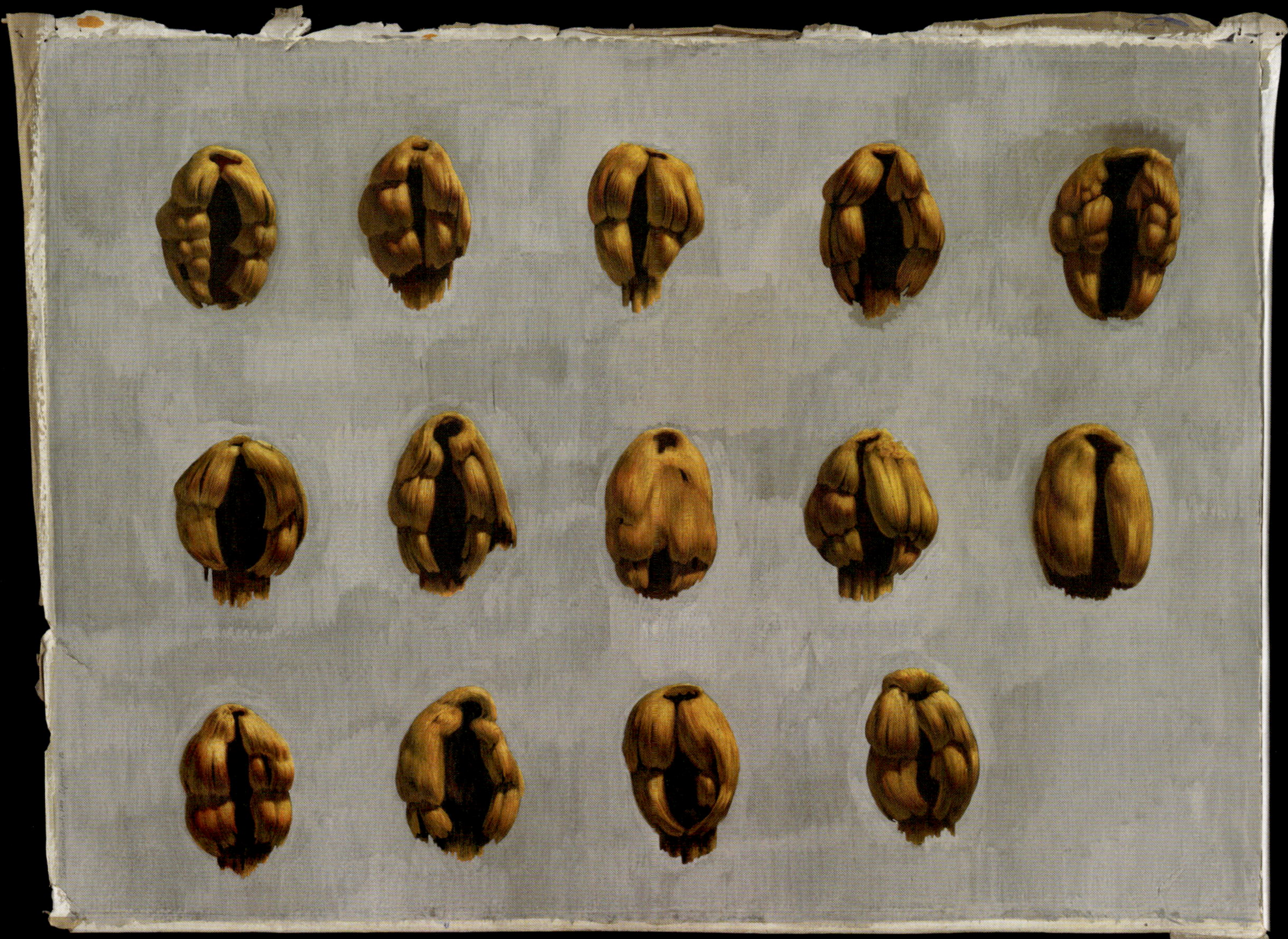

List of Works

75

Untitled 2003
Black ink on paper, 8.2 x 5.1 cm
Private collection

Untitled 2007
Tempera and oil on paper, 6.5 x 5.8 cm
Private collection

L
Untitled 2003
Brown ink on paper, 6 x 8.3 cm
Private collection

R
Untitled 2004
Brown ink on paper, 7.4 x 8.3 cm
Private collection

Untitled 2003
Brown ink on paper, 5.7 x 7.2 cm
Collection of the artist

Untitled 2009
Brown ink on paper, 15.4 x 16.7 cm
Private collection

L
Untitled 2011 (detail)
Gesso and tempera on paper, 38 x 37 cm
Private collection

R
Untitled 2011 (detail)
Gesso and tempera on paper, 38 x 37 cm
Private collection

L
Untitled 2012
Gesso and tempera on paper, 59 x 74 cm
Private collection

R
Untitled 2012
Gesso and tempera on paper, 56 x 75 cm
Private collection

Untitled 2012
Gesso and tempera on paper, 56 x 77 cm
Private collection (Fam. Depuydt)

Untitled 2009
Brown ink on paper, 11.2 x 8.8 cm
Private collection

Untitled 2012
Gesso and tempera on paper, 45 x 77 cm
Private collection

Untitled 2009
Brown ink on paper, 16 x 12.5 cm
Collection MUBA, Tourcoing

Untitled 2013
Gesso and tempera on paper, 75 x 106 cm
The Franks-Suss Collection, London

L top
Untitled 2012 (detail)
Gesso and tempera on paper, 56 x 75 cm
Private collection

L bottom
Untitled 2013 (detail)
Gesso and tempera on paper, 50 x 73 cm
Private collection

Untitled 2013
Gesso and tempera on paper, 77 x 106 cm
Private collection

L
Untitled 2005
Brown ink and watercolour on paper, 10.7 x 9.1 cm
Private collection

R
Untitled 2012
Gesso and tempera on paper, 49 x 76 cm
Private collection

L top
Untitled 2013 (detail)
Gesso and tempera on paper, 75 x 106 cm
The Franks-Suss Collection, London

L bottom
Untitled 2013 (detail)
Gesso and tempera on paper, 77 x 106 cm
The Franks-Suss Collection, London

R
Untitled 2009
Brown ink on paper, 8.7 x 8.7 cm
Private collection

Untitled 2013
Gesso and tempera on paper, 50 x 71 cm
Private collection

Untitled 2013
Gesso and tempera on paper, 50 x 73 cm
Private collection

Untitled 2013
Gesso and tempera on paper, 58 x 75 cm
Private collection

Untitled 2011
Gesso and tempera on paper, 38 x 37 cm
Private collection

L
Untitled 2011
Gesso and tempera on paper, 38 x 37 cm
Private collection

R
Untitled 2009
Black and brown ink on paper, 6.7 x 11 cm
Private collection

Untitled 2013
Gesso and tempera on paper, 77 x 106 cm
The Franks-Suss Collection, London

Untitled 2009
Brown and Chinese ink on paper, 11 x 12 cm
Private collection

Untitled 2009
Pastel, 29.7 x 42 cm
Collection Provincie West-Vlaanderen

L top
Tegumen III, 2011
Gesso and tempera on paper, 60 x 80 cm
Private collection

L bottom
Tegumen XVII, 2011
Gesso and tempera on paper, 60 x 80 cm
Private collection

R top
Tegumen XIII, 2011
Gesso and tempera on paper, 60 x 80 cm
Collection Stad Harelbeke

R bottom
Tegumen IV, 2011
Gesso and tempera on paper, 60 x 80 cm
Private collection

Untitled 2008
Tempera on paper, 10.5 x 7.5 cm
Collection Broelmuseum, Kortrijk

Untitled 2007
Tempera on paper, 14.6 x 22.5 cm
Private collection

Untitled 2005
Brown ink and watercolour on paper, 8 x 13.5 cm
Private collection

R top
Untitled 2013 (detail)
Gesso and tempera on paper, 50 x 71 cm
Private collection

R bottom
Untitled 2012 (detail)
Gesso and tempera on paper, 56 x 77 cm
Private collection (Fam. Depuydt)

Untitled 2004
Brown ink on paper, 14.3 x 9.7 cm
Collection of the artist

All works are courtesy Tinus Vermeersch and
Hopstreet Gallery, Brussels

APE#029
Ghent, Belgium
info@artpapereditions.org
www.artpapereditions.org
ISBN 9789490800147
© 2013, Art Paper Editions

Text: Luk Lambrecht
Translation: Gregory Ball
Photography: Luc Monsaert (pp. 67, 69)
Fine Art Scan: Fotorama (pp. 36, 27, 28, 29, 31, 35, 39, 40, 42, 45, 46, 49, 51, 53, 55, 56, 59, 64, 65, 73), Mediascan (pp. 19, 20, 21, 23, 24, 32, 37, 44, 47, 57, 61, 63, 70, 75)
Graphic design: Studio Jurgen Maelfeyt
Proofreading: Mia Verstraete
Printing: Die Keure, Bruges

This book has been published with the support of the Executive of the Provincial Council of West Flanders.

The artist would like to thank: Luk Lambrecht, Patrick Ronse, Marie-Paule Grusenmeyer and Pascal Lambrecht, Jurgen Maelfeyt, Fotorama, Joke Bossuyt, Pieter, Lowie and Robin Vermeersch, Rik Vermeersch and Marie-José Maes, Roger Demarez and Agnes Bossuyt, Steven Kimpe.

All works are courtesy Tinus Vermeersch and Hopstreet Gallery, Brussels

www.tinusvermeersch.be
www.hopstreet.be

Printed in Belgium

First print: September 2013

All rights reserved. No part of this publication may be reproduced or transmitted in any form or by any means, electronic or mechanical, including photocopy, recording or any other information storage or retrieval system, without prior permission in writing from the publisher.

With the support of